AF596135

SEYMOUR DE RICCI

QUELQUES BIBLIOPHILES

VIII

M. ÉDOUARD CHAMPION

PLAISIR DE BIBLIOPHILE

1928

QUELQUES BIBLIOPHILES

VIII. — M. ÉDOUARD CHAMPION

U coin de l'avenue Marceau et de l'avenue Pierre-Ier-de-Serbie, un bel immeuble moderne abrite des locataires superposés. A mi-hauteur, donnant sur le midi, deux grandes pièces rayonnées sont pleines de livres, mais vraiment pleines. Les belles brochures neuves s'empilent sur les tables et les chaises, envahissent même le plancher. Deux cabinets vitrés, de taille moyenne, sont bourrés de volumes plus précieux. De l'autre côté d'un couloir, toute une paroi d'un salon est remplie par une haute vitrine, où la dorure des titres éclaircit seule par endroits l'austérité des dos de livres en maroquin foncé. C'est l'armoire aux manuscrits... et quels manuscrits! Approchez-vous avec respect, amis bibliophiles : vous avez devant vous tout le XIXe siècle littéraire.

Nourris parmi les livres, Pierre et Edouard Champion ont grandi entre les bibliothèques amies et la librairie paternelle. Honoré Champion légua à ses enfants l'amour passionné du document écrit; mais, tandis que l'aîné se cantonnait résolument dans le XVe siècle français, le cadet, plus moderniste, réservait toutes ses tendresses à la littérature contemporaine. A quinze ans — il y a trente ans de cela — il dépensait d'un seul coup toutes ses économies de jeune homme pour acheter un manuscrit de Verlaine. Il avait le doigt dans l'engrenage : la main y passa, puis le bras... Et Édouard Champion se trouve posséder aujourd'hui une collection d'un intérêt capital pour l'histoire des lettres françaises.

Je ne veux pas parler ici de ses collections purement documentaires, de ses longues séries de volumes de textes, de ses précieuses suites de revues littéraires si difficiles à reconstituer, de toute cette bibliothèque de référence qui constitue, pour Édouard Champion et ses amis, un instrument de travail de premier ordre. Il ne sera pas question davantage des quelques volumes anciens qu'il a pris plaisir à recueillir, comme le *Roman des sept sages de Rome*, précieux manuscrit de l'ancienne collection La Roche-Lacarelle, ou cette introuvable édition des *Discours de Bessarion,* imprimée en 1471 à la Sorbonne.

Je n'insisterai même pas sur les nombreuses et rares éditions originales du XIXe siècle réunies par notre amateur : Édouard Champion, en effet, n'est pas seul à posséder le *Lys rouge* sur japon ou une importante série de Balzac en premières éditions, avec leurs couvertures. Ce qui distingue entre toutes sa collection, c'est sa prodigieuse richesse en manuscrits, en épreuves corrigées, en exemplaires uniques. Ce qui en rehausse encore l'agrément, c'est le soin avec lequel le maître Canape a monté chaque feuillet et a recouvert chaque dossier d'une reliure à la fois sobre et digne.

Éditeur du *Stendhal* définitif que nos lecteurs connaissent si bien, Édouard Champion ne pouvait manquer de vouloir posséder quelques reliques du demi-dieu. Il eut la main si heureuse que plusieurs des manuscrits stendhaliens les plus importants sont aujourd'hui dans ses vitrines. Voici, venant de la collection Chéramy, une partie importante du *Journal* de Stendhal, tout ce qui ne se trouve pas à la bibliothèque de Grenoble. En cet an de grâce mil neuf cent vingt-huit, où une lettre de Stendhal se paie couramment deux et trois mille francs, voici deux gros volumes d'épîtres intimes du plus vif intérêt. Mieux encore, voici toute une pièce inédite de Stendhal, *Henri III*, drame dont le manuscrit ne compte pas moins de quatre-vingt-sept feuillets; voici le *Shakespeare,* de Le Tourneur (1776), précieux exemplaire annoté par Stendhal et provenant de la collection Novati; voici enfin un manuscrit de l'article de Stendhal sur les périls de la langue italienne, celui-là même qui a servi à Édouard Champion pour sa grande édition des *Œuvres.*

Pour peu que nous scrutions les dos des volumes, ce sera tout le Romantisme que nous évoquerons, auteur par auteur. Hugo corrigera des épreuves d'*Hernani,* dédiera à Juliette Drouet des vers qu'il calligraphiera sur une feuille morte, ou écrira à Auguste Vacquerie ce billet définitif : *« Mon cher Vacquerie, La raison d'être étant d'être, elle est. Victor Hugo. »*

Se livrant tout entière en un billet que Sainte-Beuve vieilli eut l'impudeur de transcrire de sa main, Adèle, après lui avoir dit qu'elle l'aimait plus que quiconque au monde, plus peut-être que ses enfants, terminait sa lettre par cette confession singulièrement explicite : « *Mon ami, vous ne me devez rien, car ce que je vous ai donné, il n'a pas dépendu de moi de ne pas vous l'accorder.* » Ce feuillet si troublant est inséré dans un exemplaire de *Volupté* qui voisine sur les rayons avec les notes de Sainte-Beuve prises pendant son voyage en Italie et tout un volume de lettres piquantes adressées par ce Don Juan de deuxième zone à des amies plus ou moins dignes de ses hommages.

En 1910, M. Crépet publiait un inestimable manuscrit de Balzac, *Pensées, sujets, fragments*. Notre amateur n'en possède pas le manuscrit, volume oblong relié en toile noire, car celui-ci est la propriété de Mme Édouard Champion qui y tient comme à la prunelle de ses yeux.

Une des pierres angulaires de la collection est le manuscrit de la deuxième moitié des *Mémoires d'outre-tombe,* formé de neuf gros volumes, écrits par Pilorge sous la dictée de Chateaubriand et copieusement corrigées par la main de l'auteur. A ces volumes inappréciables, qui lui viennent de son père, Édouard Champion a joint d'importants fragments des premières parties, qu'il a fait monter et relier séparément.

Et voici tout à côté, un volume de lettres adressées par Lamennais à son fils naturel, Alexis Gérard.

Prosper Mérimée figure dans cette noble compagnie avec une importante correspondance inédite : toutes les lettres qu'il adressa en anglais à cette Fanny Logden dont son crayon adroit a su nous conserver le séduisant profil.

Historien dans l'âme, notre bibliophile s'est montré fort friand de documents autobiographiques. C'est ainsi qu'il a tenu à recueillir la série des carnets contenant les mémoires autographes de Champfleury, ami de tant de grands hommes; un manuscrit autobiographique de Mallarmé; les épreuves corrigées des *Souvenirs littéraires,* de Maxime Ducamp, avec bien des passages supprimés dans le livre; un cahier bien curieux d'Asselineau, tout rempli d'indications sur Baudelaire : ce dernier y a noté de sa main les destinataires de quatre exemplaires sur grand papier des *Fleurs du mal :* Alexandre Dumas, Eugène Delacroix, Prosper Mérimée et Watteville; le nom d'Émile Deschamps, primitivement inscrit, a été rayé par Baudelaire.

De Baudelaire encore, un projet de drame, *la Fin de Don Juan;* de Mistral, le manuscrit de la dédicace de *Mireille* à Lamartine; deux carnets de Corot; des lettres de Barbey d'Aurevilly; le manuscrit des *Caprices,* de Banville.

De Verlaine, toute une gerbe d'autographes de premier ordre : les *Poèmes saturniens* avec une dédicace à Nina de Callias et une photographie dédicacée; le manuscrit de *Sagesse,* premier achat d'Édouard Champion, avec cette dédicace de Verlaine : *A ma femme ce manuscrit primitif, 1881;* tout un volume de lettres à des femmes variées, commençant, selon l'inspiration du moment, par les mots « chère amie » ou « chérie » ou encore « sale petite bébête »; le manuscrit de *Mes prisons* (1893); tout un volume de poésies de Mallarmé, copiées par Verlaine; un volume de lettres à Savine et autres; trois gros volumes de lettres à Vanier; enfin, des poésies de Rimbaud, corrigées par Verlaine pour l'impression.

Moréas est représenté par deux carnets remplis de poèmes ébauchés ou déjà ciselés avec amour, par de nombreux fragments poétiques et par le manuscrit de son *Pèlerin passionné,* en tête duquel est ajoutée une lettre de Moréas à France : *« Un tel article signé Anatole France m'est le suprême guerdon. »*

Anatole France était un vieil ami de la famille Champion; aussi trouvera-t-on ici plus d'un manuscrit de sa main : je ne veux citer que ceux de son discours sur Renan, de son étude sur Stendhal et de son mémoire sur la *Dame des Armoises,* curieux fragment de sa *Jeanne d'Arc.*

Maurice Barrès avait vu naître et grandir cette bibliothèque : son nom y revient souvent et des manuscrits comme *les Déracinés, Du Sang, de la Volupté et de la Mort* ou *Amori et dolori sacrum,* suffiraient, à eux seuls, à donner du lustre à une collection. Une note intime est fournie par un cahier de brouillons et notations, écrits en Lorraine en vue de la préparation de *Colette Baudoche.*

Le hasard de cette promenade de rayon en rayon m'a fait passer entre les mains plus d'un volume digne d'être signalé à nos lecteurs. Citons pêle-mêle : les épreuves corrigées d'*Anthinéa,* avec une couverture imprimée jaune qui n'a jamais vu le jour; *Marthe,* d'Huysmans, exemplaire de l'auteur, avec deux eaux-fortes de Forain (dont la planche refusée); tout un lot d'épreuves corrigées de Verhaeren; les manuscrits de la *Jeune fille verte* de Toulet et des *Épilogues* de Remy de Gourmont; celui des *Lettres de l'Amazone;* l'autographe d'*Évocations* de Renée Vivien, avec toutes ses lettres à l'éditeur Lemerre; des lettres et des télégrammes de Gabriel d'Annunzio à Édouard Champion : « *Achetez quand même,* lui câble-t-il, *je suis toujours disposé à me ruiner.* » Du même d'Annunzio, un recueil de vers, *Pour la douce France,* préparé pour être publié pendant la guerre et demeuré inédit, avec un exemplaire d'épreuves, probablement unique.

Quelques manuscrits importants de contemporains amis : de Mauriac, *Genitrix* et *le Baiser au lépreux;* de Pierre Chaine, *les Mémoires d'un rat;* des parties des *Soliloques du pauvre,* de Rictus; *les Entretiens dans le tumulte,* de Duhamel; les épreuves de *Lewis et Irène,* de Paul Morand, à côté du manuscrit d'*Ouvert la nuit,* du manuscrit de *l'Équipage,* de Kessel et celui de *la Cité sans tramways,* où seuls les initiés reconnaîtront *Oxford et Margaret* de Jean Fayard.

Puis c'est une série de manuscrits portant au dos les noms de Paul Valéry, Henri de Régnier, Gérard d'Houville, les Tharaud, Jean Cocteau, André Gide, Tristan Derème, Laurent Tailhade, dix autres que j'oublie.

Un manuscrit fort piquant d'autobiographie contemporaine est demeuré anonyme; circonstance singulière, son auteur, dans la première partie, a imité la calligraphie de Pierre Benoît et, dans la seconde, les pattes de mouches de Charles Derennes...

Marcel Schwob remplit tout un rayon, avec de

nombreux manuscrits, toutes ses lettres à Mme Moréno et toute la correspondance qu'il reçut des Daudet, d'Anatole France, de Jean Lorrain, de Willy, de Colette, de Jules Renard, de Francis Jammes et de Paul Valéry, pour ne citer que quelques noms, parmi ceux qui remplissent cet épistolaire en trente volumes.

A force de recueillir les livres des autres, Edouard Champion céda à la tentation d'en créer lui-même : c'est en 1911 qu'il commença l'impression de la charmante série dite *Les Amis d'Édouard.* Il voulut d'abord éditer quinze volumes, dont chacun porterait au dos une des lettres des mots *Les Amis d'Édouard,* titre qui se recomposerait automatiquement par la juxtaposition des tomes sur les rayons d'une bibliothèque. L'idée était trop originale pour ne pas séduire. Mais le titre avait un grand défaut : il était beaucoup trop court. Il fallut y mettre une rallonge et ce fut Anatole France qui s'en chargea : « *Les Amis d'Édouard,* écrivit-il, *sont les plus aimables amis du monde.* » On en arriva ainsi au tome XLV de la série. Mais on ne s'arrêta pas en si beau chemin et le dernier volume paru porte le numéro 139. La phrase-clef s'étire à plaisir, Édouard y est qualifié d'*ami des livres et des dames,* on nous donne le nom de l'imprimeur, Frédéric Paillart, d'Abbeville. Quand Édouard sera octogénaire, la phrase sera devenue toute une page, que dis-je, tout un opuscule.

Ces cent trente-neuf plaquettes grises forment déjà une véritable bibliothèque d'inédits modernes, où Barrès voisine avec Maurras, Remy de Gourmont avec Jacques Boulenger, où France, Loti, Bourget et

Rostand, tiennent compagnie à Claude Farrère, André Maurois, Colette et Paul Valéry. La collection, tirée à petit nombre et non mise dans le commerce, est déjà fort recherchée des curieux. Le plus bel exemplaire connu est celui, bien entendu, d'Édouard lui-même, numéro 1 sur japon, relié par Canape en maroquin doublé, et truffé d'autographes, selon toutes les règles de l'art.

SEYMOUR DE RICCI.

www.ingramcontent.com/pod-product-compliance
Lightning Source LLC
LaVergne TN
LVHW012023170826
845678LV00004BA/1620

9782329637969